DISCOURS PRONONCÉ

PAR

MONSEIGNEUR L'ÉVÊQUE DE NANCY ET DE TOUL

Dans l'église de Cirey

AUX OBSÈQUES DE M. CHEVANDIER DE VALDRÔME

LE JEUDI 5 DÉCEMBRE 1878.

NANCY

G. CRÉPIN-LEBLOND, IMPRIMEUR DE L'ÉVÊCHÉ, GRAND'RUE, 14.

DISCOURS PRONONCÉ

PAR

MONSEIGNEUR L'ÉVÊQUE DE NANCY ET DE TOUL

Dans l'église de Cirey

Aux Obsèques de M. Chevandier de Valdrôme

LE JEUDI 5 DÉCEMBRE 1878.

A la fin de cette cérémonie funèbre, où j'ai vu couler tant de larmes, en présence de cette immense assemblée venue de tous les points du diocèse, presque de la France entière, pour rendre les derniers devoirs au personnage considérable qui a tenu dans ce pays une si grande place, laissez-moi, mes très-chers Frères, unir mes regrets aux vôtres et vous dire ce qu'a été celui que vous pleurez. D'autres vous parleront de ses grandes qualités ; ils vous diront que ce fut un homme éminent; j'essaierai de dire plus, ce fut un homme excellent. On vous parlera de son activité qui ne se reposait jamais, de ses énergiques et fécondes initiatives, de son courage qui était de pair avec les plus grands efforts et ne se démentit jamais en face des plus grands périls : je ferai l'éloge de la bonté communicative de son cœur, ouvert à tous les généreux sentiments, prêt à tous les dévouements et qui ne s'épargna jamais pour rendre service. On vous dira qu'il fut un homme de devoir et d'autorité dans la vie publique; on vous parlera des grandes choses qu'il a faites ici et de la part considérable qui lui revient dans la prospérité de cette vaste usine de Cirey; on ajoutera que, fidèle à ses amis, il ne le fut pas moins à ses convictions politiques, malgré les terribles circonstances qu'il eut à traverser et les amertumes qu'elles lui laissèrent ; on vous dira toutes ces choses et mieux que je ne puis le faire ici; mais il y a un éloge qui m'appartient et que je revendique, et cet éloge me paraît dominer tous les autres, c'est qu'il a été fidèle à ses derniers moments à son devoir de chrétien, c'est qu'il est mort dans la foi et dans l'amour de Dieu.

Il y a quelques instants, lorsque je récitais sur sa dépouille mortelle les prières de la liturgie de la sainte Eglise Romaine, j'étais frappé de deux paroles dont je lui faisais une application qui me paraît bien à sa place : Mon Dieu, disais-je, recevez le dans le Ciel, car il a espéré en vous et il a gardé la foi : *In te speravit et credidit.* Ainsi cette âme qui n'a jamais connu ici-bas le découragement a vu l'Espérance et la Foi chrétiennes s'asseoir à son chevet et consoler ses derniers moments, et par ce côté, sa mort est féconde en enseignements.

Nous n'avons pas à rechercher ici à quel point le tumulte du monde et l'agitation des affaires peuvent modifier, chez les hommes les mieux préparés pour croire, les premières impressions de la Foi qu'ils ont reçue dans leur enfance, mais nous avons à reconnaître hautement que celui que nous pleurons, a emporté avec lui dans le sein de Dieu, la Foi complète et l'Espérance entière : *Speravit et credidit.* Nous savons qu'il a accompli spontanément, avec un élan et une générosité touchante et qui était bien le fond de son caractère tout de feu et d'initiative, nous savons qu'il a accompli toutes les obligations du Chrétien qui s'apprête à paraître devant son juge. Nous savons qu'il a reçu les sacrements de l'Eglise avec les sentiments et dans les actes d'une piété véritable. Aux approches de ce dernier jour contre lequel luttait son énergie qui se sentait encore en puissance d'agir et ne croyait pas avoir dit son dernier mot avec la vie, nous savons qu'il a aimé la prière, qu'il s'est tourné vers Dieu avec cette ferme loyauté qu'il a mise au service de toutes les actions et de tous les travaux de sa vie. Justifiant en sa personne et d'une façon où l'action de la Providence nous paraît manifeste, la parole de notre divin

Sauveur : *Bienheureux les miséricordieux parce qu'ils obtiendront miséricorde,* nous savons que, pour avoir pratiqué la miséricorde, il a obtenu la grâce. Dieu a mis en effet sur son chemin un prêtre, un ami dévoué qui avait dû autrefois à ses soins, d'échapper à la mort dont le menaçait un mal subit et qui paraissait sans remède. Ce prêtre s'est retrouvé au chevet du malade, à son tour consolateur et médecin et, en échange de la miséricorde qu'il en avait reçue, il lui a rendu la vie surnaturelle. Nous savons toutes ces choses et, dans la douleur que nous cause cette mort, à nous qui l'avons aimé, nous trouvons là un grand soulagement et c'est même la seule consolation qui nous reste. C'est la consolation que nous venons offrir du haut de cette chaire à cette digne compagne de sa vie qui ne pourra se consoler qu'à l'aide des pensées de la foi, à cette femme si dévouée qui est depuis si longtemps la Providence de Cirey et dont la main toujours généreuse et le cœur toujours compatissant ne se sont jamais fermés devant aucune infortune. C'est la consolation que nous offrons à ce frère si affligé par tant de deuils qui se sont succédés depuis quelques années dans sa maison, si éprouvé lui-même par la souffrance et à qui était réservé une dernière épreuve, et peut-être la plus cruelle de toutes, celle de n'avoir pu contempler une dernière fois de ses yeux désormais fermés à la lumière, ce frère si tendrement aimé et dont il a recueilli le dernier soupir. C'est la consolation que nous offrons à tous ceux qui ont été visités par ses bienfaits, à ses serviteurs en larmes qu'il appelait sa famille et qui ont vieilli si volontiers à son service, protégés par l'affection de leur maître, presque par son respect, et se sentant à l'abri des changements, grâce à ces traditions de confiance et d'estime réciproques qui régnaient dans les familles chrétiennes d'autrefois, et qui revivent si complètement ici.

C'est la consolation que nous offrons aux nombreux ouvriers de cette vaste usine, dont il était l'ami, le conseil et l'appui ; nous ajouterions même, la gloire, si ce mot de gloire pouvait se prononcer en présence d'un tombeau.

C'est la consolation que nous vous offrons à tous, nos très-chers Frères, et c'est aussi l'exemple que nous venons vous proposer. Laissons de côté les consolations humaines qui ne consolent pas, et les espérances terrestres qui ne mènent à aucune réalité digne des destinées éternelles de l'homme. Tirons de cette fin chrétienne les enseignements qu'elle contient, et avertis de la fragilité des choses humaines et de l'instabilité des situations les plus enviées d'ici-bas, ainsi que du peu de fonds qu'il y faut faire, puisque un peu plus tôt, un peu plus tard, la mort y vient mettre un terme, préparons-nous par l'Espérance et la Foi : *Speravit et credidit*, à entrer dans cette patrie du Ciel pour laquelle nous sommes faits. Sa possession dépend pour nous de la manière dont nous aurons servi Dieu pendant notre vie et accompli, au dernier moment, les devoirs que nous impose notre qualité de Chrétiens.

Ce sont là des pensées dignes d'être proposées à cet auditoire et je viens vous prier de les avoir sous les yeux en continuant à prier pour l'âme de celui que nous pleurons.

Que ceux d'entre vous, mes Frères, qui ne se sont pas attachés suffisamment jusqu'ici aux espérances chrétiennes et aux pratiques de la foi se reprennent à espérer et à croire, comme l'a fait ce cher défunt : *Speravit et credidit;* qu'ils demandent en même temps à Dieu d'abréger pour lui le temps de l'expiation et de le mettre bientôt en possession du Ciel qui est si bien appelé par l'Église le lieu du rafraîchissement, de la lumière et de la paix, et qui, à tous ces titres, est vraiment le lieu des âmes fatiguées comme l'a été la sienne, des agitations, des incertitudes et des luttes d'ici-bas. Puissions-nous tous y arriver un jour.

Ainsi soit-il

Nancy. — G. Crépin-Leblond, Imprimeur de l'Évêché Grand'Rue, 14.

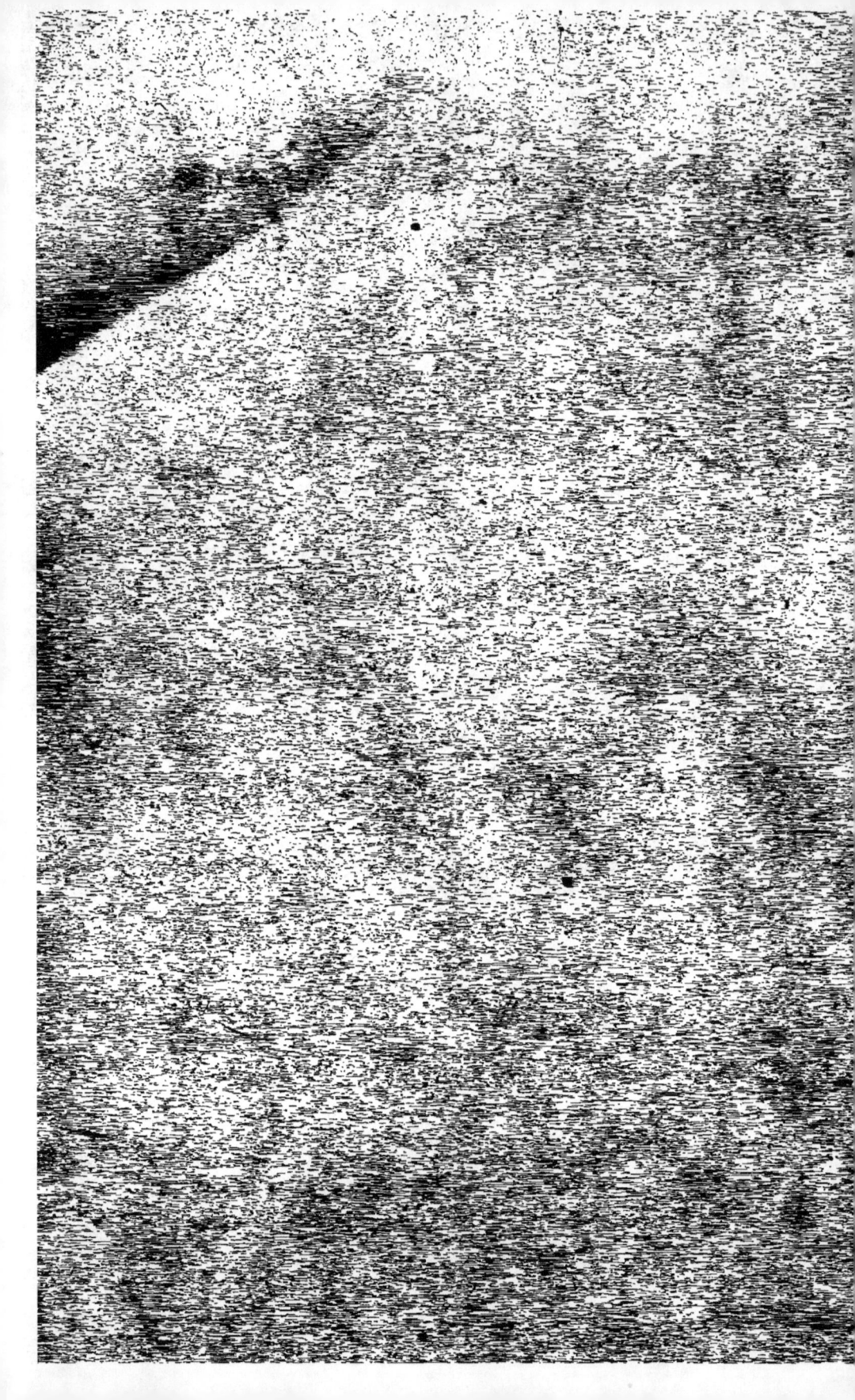

www.ingramcontent.com/pod-product-compliance
Lightning Source LLC
Chambersburg PA
CBHW071423060426
42450CB00009BA/1991